Eva Lübbe

Ferne Zeiten in weiter Ferne

Gedichte

Mit Grafiken von Klaus Palm

2. Auflage 2017

Alle Rechte vorbehalten.

ISBN: 9783741253485

Herstellung und Verlag
BoD - Books on Demand, Norderstedt 2017

AM SEE

See im Frühling

Schritt für Schritt

hinein ins kühle Nass,

es ist noch zu kalt,

macht nicht wirklich Spaß.

Aber,

wenn man endlich eingetaucht,

eine Weile geschwommen,

dann ist die Hürde genommen,

die Kälte erträglich,

das Schwimmen unendlich

schön,

nach so langer Pause.

Am See

Wenn wir die Stadt verlassen,
verlassen wir auch die Kultur.
Unwichtig wird das Kleid;
wir schwimmen am liebsten nackt.

Das Essen geht ohne ein schickes Gedeck,
das Trinken ohne ein Glas.
Alles ganz einfach.
Wir sitzen ohne Tischordnung
im Gras.

Schon Sommerhitze

Staub.
Jeder Schritt fällt schwer.
Brücke stürz' nicht ein.

Bald
werde ich
bei Dir sein,
Geliebter.

Bald umfängst
Du mich,
geliebter
See.

Gedanken am See

Früher glaubte man,
die Seele käme aus dem See.

Heute weiß man gar nicht,
was man glauben kann.

Lug und Trug,
Alternativlose Gedanken
führen uns an.

Wir haben die Freiheit;
Wachstum zu steigern?
Beschränkt ist alles -
auch der Verstand.

Geld, mühsam erarbeitet;
wird anderswo
verzockt und verbraucht;
für Waffen gar.

Ölpreise in schwindelnder Höhe.
Frei durch die Welt?

Ist es frühlingshaft warm,
brauch ich kein Geld.
Ich tauch' ein in den See
und die Seele ist frei.

See am Morgen

Sanfte Wellen und Wind,
in der Seele noch immer ein Kind,
sammle ich Muscheln und Steine.

Später
Staub auf diesen Erinnerungsstücken.

Jetzt
Möwen und Hunde mit Herrchen.

Muscheln und Steine bleiben
und Erinnerungslücken.

Herbst

Herbst im Garten
und im Leben.
Man bringt die Ernte ein.

Ein Kirschbaum,
zwei Kinder,
eine Formel.

Die Blätter welken
und die Haut.
Der Baum so hoch,
Unkraut und Schnecken so viel.
Was war das Ziel?

Spinnenweben glitzern im Sonnenschein.
Der See, noch warm genug,
lockt mich wieder hinein.

Oktober

Die ersten Blätter im See
und die letzten Schwimmer.
Bald gehört der See allein den Enten
und den Anglern.

Könnte ich Euch doch malen,
Enten und Entenwellen.
Ich glaube,
ich schaff es nicht und
wähle den bequemen Weg:
Ein Foto.

Gespiegelt im See

Immer wieder sucht
meine Seele den See.

Gespiegelt Im Wasser
verschwimmen Konturen
und Konflikte.

Verlockende
Unendliche Tiefe
verspricht die im See
gespiegelte Welt.

Die sich spiegelnde Seele
scheint alterslos.
Ob sie tatsächlich
aus dem See kommt,
wie man früher glaubte?

1. November

Ein milder Herbst.

Man konnte noch schwimmen

im See, heute,

aber nur kurz.

Warum bin ich nicht länger geschwommen

im Sommer?

Immer nur eine halbe Stunde.

Warum bin ich nicht geschwommen

bis zum Überdruss,

bis zur Erschöpfung?

Halbherzig

bin ich mit dem Sommer verfahren.

Mit den Möglichkeiten.

Im nächsten Sommer

werde ich einen ganzen Tag

nur Schwimmen.

Winter am See

Kalt, kein bisschen Schnee
auf dem spiegelglatten See.
Interessant-
am Rand:
Gefrorene Wellen,
bewegungslos,
wie versteinert,
ohne Ton,
stehen sie da.

Neidisch sehe ich einem Pärchen auf
Schlittschuhen zu.
Der See dröhnt-
sie gleiten in Ruh.

Für mich ist der See zu glatt,
für Enten und Schwäne auch.
Sie rutschen aus-
und landen auf dem Bauch.
Bei dieser Kälte auf dem See,
Tag und Nacht-
dafür ist der Mensch nicht gemacht.
Mit roter Nase sucht er Schutz
im Warmen, bei einem Tee.

Das letzte Bad

Hinausschwimmen

an einem sonnigen Herbsttag,

wie die Helden von Adolf Muschg,

im Bademantel,

in den Taschen die Steine,

gesammelt an allen Stationen des Lebens.

Eine Alternative

zum einsamen Pflegebett im Winter.

ERINNERUNG

Im Frühjahr

Wir waschen Geschirr ab,
eine große Menge,
versuchen die Laube herzurichten
für den Sommer.

Du bist voller Mehl,
plötzlich voller Mehlpamps.
Jetzt müssen wir dich waschen.
Begeistert planschst du
mit dem warmen Wasser.
Ich trockne Dich ab,
deine kleinen Zehen.
Richtig sauber bist du nicht.
Alle Sachen nass und mehlig.
Wo sind neue Sachen?
Es gibt keine.
Nirgendwo.

Plötzlich Schluss. Dunkelheit.
Wir brauchen keine Sachen mehr.
Du bist 33 und weit weg.

Erinnerung

Was hat Dich plötzlich geweckt?

Immer mehr Details tauchen auf.
Wo war das so lang versteckt?

War es so oder so? Und wann?
Wie komme ich darauf?

Erinnerung, Du bist ein flüchtiges Gut.

Dieser schöne Tag, wann war er bloß?
Er gibt immer wieder Mut.

Unordentlich ist alles aufbewahrt.
Und wichtig muss es gewesen sein.

Erinnerung, lass mich nicht los.

Rentnerin

Frei wie als Kind,
gehören mir Zeit und Gedanken.
Ich lausche auf Regen und Wind.
Fehlendes Geld setzt die Schranken.

Gestrichen wird der Theaterbesuch,
Auch wäre mir bang
allein auf dem nächtlichen Gang.
Ich lese daheim ein Buch.

Gestrichen wird auch die Reise.
Im Traum reise ich oft mit Dir.
Auf diese phantastische Weise
bist Du nachts noch immer bei mir.

Hühner

Mit Mützchen und Mäntelchen
füttere ich Hühner.
Drei Jahre alt
auf einem Schwarz-Weiß Foto.
In jedem Sommer
habe ich Hühner gefüttert.
Die Hühner meiner Tante,
erst viele,
später nur noch drei.
Habe Körner verstreut, Kartoffeln zerdrückt,
frühmorgens den Stall gesäubert.
Manchmal habe ich die Hühner
gezeichnet,
manchmal eine Henne herumgetragen.

Heute beobachte ich
die Hühner im ZOO,
zu den wenigen Freien gehörend,
wandern sie wie Besucher die Wege
entlang,
picken und scharren.
Am Spielplatz angekommen,
blicken sie auf zum Karussell.

Wenn ich alt bin
und nicht mehr reise,
möchte ich in einem Häuschen wohnen
mit Hühnern.

Im Traum

Wie schaffe ich es,
im Traum die Toten zu beleben,
dass sie wie einst
durch meine Räume schweben?

Durch Räume - nie gekannt -
und dennoch klar zu sehen,
manchmal.

Sie haben ihren Charakter noch,
auch passende Worte.
Deutlich wie früher
wirken sie auf mich.

Ich kann mich teilen

Mein Körper ist hier,
doch die Gedanken dort.
Wo bin ICH dann?
Was ist der wahre Ort?
Auch zeitlich bin ich nicht aus einem Stück.
Der Geist eilt vor und weit zurück.
Noch fühlt die Seele jung sich an;
wär' nicht der Spiegel,
er belehrt sie dann.

Zur Erinnerung an meine Verlegerin
Eva-Maria Gerhardy

Über den Wolken

Gestern noch
im Kaufhaus
vor schwarzen Hosenanzügen
fragte ich mich,
ob ich bald einen brauchen würde,
wann wohl die nächste traurige Feier sei,
ob noch viele
oder bald die eigene.

Heute erreichte mich die Anzeige.
Mitten im Leben,
weit weg von daheim,
auf einer Dienstreise,
über den Wolken
riss es dich aus dem Leben.
Keine lange Krankheit bereitete Dich vor.
Keine Zeit nachzudenken.
Keine Zeit aufzuräumen.
Ganz plötzlich

Schluss.

ZEITGESCHEHEN & POLITIK

Zeitumstellung

Energieeinsparung findet keine statt.
Umstellungsprobleme bei
Mensch, Tier und der Bahn.

Wir haben es satt.

Wir machen uns das Leben schwer,
zweimal im Jahr.
Warum halten wir daran fest?

Aus Angst zuzugeben,
dass es ein Fehler war?

For ever Young

For ever Young
sollte man sein.
Kein graues Haar - keine Falte.

Für den Jugendwahn
leben sehr viele,
und viele andere davon.

Sie treten eifrig auf;
im Fitness-Studio
treten sie auf der Stelle.

Man könnte Strom
darin erzeugen,
wenigstens für die Beleuchtung.

Herdprämie

Oma

zog sieben Kinder groß.

ohne Kinderkrippe,

Erziehungsgeld und Männer.

Die Männer verbrauchten sich in zwei

Kriegen.

Die Frauen wurden in den Fabriken

gebraucht,

bis die Männer zurück kehrten

oder bis zur Wende.

Dann durften sie zu zurück an die Herde.

Nun wird

eine H e r d p r ä m i e diskutiert,

für einen neuen Herd oder

für die Herde der Frauen?

Worte der Geschichte

Mit Geschichte meinen wir die

in den Geschichtsbüchern,
keine Kunst- oder Literaturgeschichte,
keine Geschichten.
Geschichte meint Kriege mit
Anstifter, Beginn, Ende, Zahl der Toten.

Als das Brathähnchen noch Broiler hieß
lernten wir,
dass es Angriffs- und Verteidigungskriege gibt
und in naher Zukunft gar keine mehr.
Wir lernten dazu:
Präventivkrieg.
Mörder und Tote, einst Helden und Gefallene,
werden zu Kolateralschäden.
Der Beginn hat kein Datum mehr.
Allmählich darf die Auseinandersetzung
Krieg genannt werden.

Indien 19.4. 2012

Es ist gelungen,
eine Langstreckenrakete abzuschießen.

Es ist gelungen, aufzuschließen
zur Macht der anderen Mächte.

Es ist gelungen, sich anzuschließen
an die Philosophie der gegenseitigen
Abschreckung.

Es ist gelungen, sich zu verschließen
vor dem Hunger im eigenen Land.

25 Jahre nach der Wende

Es gibt jetzt genug
Gaststätten, Bananen, Tapeten
und Klopapier.
Es gibt jetzt genug von allem.

Es gibt jetzt zu viel von allem.
zu viel Auswahl, Werbung und Wachstum.
Zu viele Krankenkassen,
unnötige Operationen.

Aber einiges fehlt doch:
Es fehlen kleine Buchläden und kleine
Bahnhöfe.
Es fehlt Zeit, Zuwendung und

eine Wende.

Gedankentausch

Gedankenaustausch
war manchmal schwierig.

Auch hatten nur wenige ein Telefon.
Kostbare Zeit verwarteten wir
an Telefonzellen.

Das Handy war ein Zukunftstraum.
Wer hätte gedacht,
dass wir das erreichen.

Plötzlich waren alle erreichbar.

Nun sind alle überwachbar.
Worte, Orte.

Die Zauberlehrlinge

Mit der Freiheit,

die wir riefen,
kamen auch die Geister
des Kapitals herein.

Diese verführen uns
zu Anschaffungen und Schulden,
zum Umziehen,
zum Verschrotten und Verschwenden und
zur Ausbeutung.

Manchmal materialisieren sie sich
als Prospekte
in unseren Briefkästen.

Allerlei Berater für
Leben, Sucht und Anlagen
versuchen,
die Geister zu beherrschen,
mit immer neuen Besen.

Aber hinausgekehrt wird nur
das Bescheidene.

Keiner ruft: Besen stehe still!

Grenzen

Die Grenzen endlich beseitigt -
Doch bauen wir sofort neue auf.

Um neue Bundesländer und alte,
zwischen Ossis und Wessis,
zwischen jung und alt, arm und reich,
zwischen meiner und deiner Religion.

Und nicht nur in den Köpfen.
Drahtzäune um Asylantenunterkünfte,
am See und am Wald
und am liebsten um Europa.

Irgendein Feind wird immer gebraucht.
Wohin sonst mit all den Waffen?

Flüchtlingsströme

Mir träumte heute Nacht:

Sie kamen in mein Haus,
lärmend und singend
und räumten meine Schränke aus.
Sie tranken meinen Wein
und ich stand ganz allein.
Sie riefen: Komm, trink mit.
Sie waren jung und fit.

Dann hat eine ein Kleid erspäht
und meinte, das hätte sie genäht.

Da bin ich plötzlich aufgewacht.

Mit anderen Augen

Mit den Augen der Schwiegermutter
versuch ich, den Augustusplatz zu sehen,
der für sie immer diesen Namen trug,
auch als er der Karl-Marx-Platz war.

Jung, mit Hut und langen Kleid
ging sie an der Pauliner Kirche vorbei
ins Cafe Felsche.
Leider überlebte nur das Krochhochhaus
die menschlichen Irrwege.

Auch ich will mich nicht umgewöhnen.
Zum Erstaunen der Kinder
benenne ich den Platz
noch immer nach Karl Marx.

WAHRNEHMUNG & NATURGESETZE

Die Verführung

Spontan oder nach Plan?
Man weiß es vom Licht:
Welle oder Teilchen -
Beides geht nicht.

Ein Experiment,
von dem man den Ausgang kennt
ist keins.
Sieht das Licht den Spalt,
sagt es sich halt.
Jetzt muss ich Welle sein
und ergieß mich in den Spalt hinein.

Anziehungskräfte

Anziehungskräfte werden schwächer,
wenn die Entfernung wächst,
lehrt die Physik.
Beim Menschen ist es eher anders rum,
wenn jemand entfernt ist, sehnt man ihn herbei,
irgendwie dumm.
Wer kann das erklären und beschreiben?

Der Physiker nicht,
dem Psychologen fehlt die Mathematik,
der Lyriker macht ein Gedicht,
die Liebenden müssten es wissen,
aber sie sehen nicht richtig,
wenn sie in der Nähe sind,
kommen sie auf andere Gedanken,
ihr Geist verwirrt sich,
so muss die Formel unentdeckt bleiben.

Das Experiment

Der Professor plant ein Experiment,
bei dem er den Ausgang kennt
und der fleißige Student.

Auch die Liebenden wagen einen Versuch,
oder ist es genug?
Sind sie Teil von Gottes Experiment?
Und ob er den Ausgang kennt?

Sind wir die Spieler in einem großen Spiel?
Und hat es ein Ziel?

Das Naturgesetz

Das ist verboten!
Dieser Übergang ist nicht erlaubt!

Das Elektron „tunnelt"
durch verbotene Zustände hindurch.
Kennt es das Verbot nicht?

Wie von selbst
fällt Liebe die Entscheidung.
Das ist verboten,
sagt die Moral.

Und wenn die Liebe ein Naturgesetz ist?
Der Anziehungskraft nachgeben
wäre Energiegewinn?

Mach Dir ein Bild

Man macht sich immer ein Bild,
denn anders geht es nicht.
Die Welt ist Vorstellung,
wie schon Schopenhauer schrieb.

Das Bild wird in Kopf erzeugt,
zunächst Kopf stehend auf der Netzhaut,
dann mit Farbe versehen,
wenn man gesund und kein Achromat.

Und dann muss es hinaus
als Vorstellung von der Welt.
Ein räumliches Bild.

Man hofft auf ein Bild,
das der Realität entspricht.
Nur manchmal täuscht man sich.

Die Relativität der Zeit

In bewegter Materie
vergeht die Zeit langsamer.
Einstein rechnete es vor.

Als Kind ,
als vieles zum ersten Mal geschah,
bewegte uns manches.
Die Zeit verlief langsam.

Heute sind wir gelassener,
seltener aufgeregt.
Die Zeit vergeht schneller.

Leider.

Schwarz-weiße Welt

Ein Autounfall,
von einem Augenblick zum nächsten
verlor der Maler I.
die Fähigkeit,
Farben zu empfinden.

Nun muss er lernen,
in einer grauen Welt zu leben.
Rot ist oben an der Verkehrsampel-
Kleidung hat Schilder,
auf denen die Farbe steht.
Auch sein Farbkasten scheint ihm grau.

Welches Tier ist bunt
in einer Schwarz-weißen Welt?
Der Maler kauft sich einen Dalmatiner.

Farbspiel

Ein grüner Junge,

vielleicht ein Grüner,

fragte mich am grünen Tisch

ob ich Lust hätte,

auf eine Fahrt ins Blaue.

Ich sagte Ja,

aber nur,

wenn er nicht Blau sei und

die Fahrt ins Grüne ginge.

Der Grüne blickte mich erstaunt an

und wurde rot.

Im ZOO

Gorillamutter, wie geschickt Du Äpfel auffängst
und Dich an den Ästen entlang hangelst;
wie sorgsam du dein Kind trägst.
Wir beobachten einander mit viel Geduld.
Ich denke nach über die Evolutionstheorie:
Zufällige Mutationen und viel Zeit.
Wirst Du irgendwann ein Menschlein gebären?
Dann zurück ins Hühnerhaus,
das Langersehnte zu erleben:
Wie ein Kücken schlüpft.
Das kleine Loch in der Schale,
ist jetzt vergrößert zu einem Schlitz.
Es dauert, am liebsten würde ich helfen.
Das ganze Ei bewegt sich.
Ein Teil der Schale gelockert.
Plötzlich stößt ein Beinchen hervor,
das die Schale zerbricht.
Nun ist der Kopf zu sehen und
gleich kämpft sich das Küken heraus.

Jetzt ist es in einer Eierwelt auf einem Rost.
Erschöpft und stark atmend bewegt es sich,
ungeschickt, muss sich ausruhen.
Bald der nächste Versuch,
auf die Beine zu kommen.
Wie stark und verletzlich, das kleine Leben.

Schnecken

Nackt oder mit hübschen Häusern
seid ihr unterwegs.
Auf dem Land oder im Wasser.
Langsam.
Als ob ihr viel Zeit hättet.

Als Kind brachte ich euch begeistert mit
nach Haus.
Meine Eltern teilten die Begeisterung nicht.

Als Einzelne interessant,
seid ihr mir als Masse im Garten lästig.
Und ich überlege,
Euer Leben zu opfern
für das Leben meines Salats.

Mathe-Nachhilfe

Mit zielsicherer Intuition
landet die Katze
meiner Schülerin
auf meinem Schoß.

Unser Zettel segelt nach unten.
Wir lächeln uns an.

Auch die Katze Lea scheint zu lächeln.
Sie muss die Sprungparabel
nicht berechnen.
Nie im Leben.

KINDER

Als Kind auf dem Leipziger Bahnhof

Am Bahnhofseingang waren Schalter
für die Karten,
der Preis, acht Pfennige pro Kilometer,
meist musste man nicht lange warten.

Der Bahnhof diente nur dem Reisen,
die Züge fuhr'n mit Dampf
aus sechsundzwanzig Gleisen.

Man brauchte kleine Bahnsteigkarten,
den Bahnsteig zu betreten
und auf den Zug zu warten.

Sie war'n aus Pappe und vorzuzeigen
an extra Schalterhäuschen
am Eingang zu den Steigen.

Einmal, ich war erst acht,
da sollt 'ich ganz alleine reisen.
Die Tante hat mich in den Zug gebracht.

Ein Pappkärtchen gedrückt in meine Hand
und kleine Küsse auf die Wange,
sie alsbald wieder auf dem Bahnsteig
stand.

Den Blick mir zugewandt und
manchmal auch der Uhr,
mit winkbereitem Taschentuch,
bis endlich dann, mit viel Geschnauf,
der Zug los fuhr.

Da ist sie mächtig aufgeschreckt:
Die Fahrkarte in ihrer Hand.
Oh, wenn der Schaffner das entdeckt!

Ich weiß nicht wirklich, ob Kontrolle kam,
ich reiste unbekümmert, mit der
Bahnsteigkarte,
die Fahrt ein gutes Ende nahm.

Freundin

aus ferner Kinderzeit,
als wir gemeinsam auf der Decke lagen,
mit Puppen,
viele Sonnentage lang.
Du bist so weit
und doch noch nah bei mir.

Soll ich es wagen,
den ersten Schritt zu tun,
Dich anzurufen
nach so langer Zeit?
Ich denke oft an Dich.

Du auch an mich?

Ferne Zeiten

Was willst Du werden?

Du bist nichts.
Ein Berufswunsch wird erwartet.
Tierpfleger im Zoo.
Meinst Du wirklich?
Vielleicht Tierärztin.
Dir fällt bestimmt
noch etwas Anderes ein.

40 Jahre
habe ich im Zoo gearbeitet.
Jetzt stehe ich wieder
als Beobachter vor den Tieren.

Ich kann nichts mehr werden.

Damals und bald

Als wir die Kreisel pflanzten zwischen
Pflastersteine
und versuchten, sie anzutreiben,
zum Kreiseln zu zwingen,
zu farbigen Ringen;

als wir Federball spielten und Rollschuh
fuhren
auf einer Straße, die jetzt den Autos gehört,
da entstand die Freundschaft, die ein
Leben lang hielt.

Bis wir wieder im Park spazieren,
zu zweit,
wie damals,
alles noch vor uns.
Bald alles hinter uns?

Gegenwart

Vorbereitung

auf
	die Prüfung
auf
	das Vorstellungsgespräch
auf
	den neuen Job.

Vorbereitung

auf
	die Hochzeit
auf
	das Leben als Eltern

Vorbereitung

auf
	den Ruhestand.

Wann leben wir in der Gegenwart?

Morgen wird eine Gegenwart sein,

wenn ich mit Dir zusammen bin,

geliebte Enkelin.

Im Oktober

Eine letzte Himbeere
fand ich gestern im Garten.
Süße Erinnerung
Himbeeren

Wie Du die kleinen,
krümelnden Beeren
aus meiner Hand geleckt hast.
Strahlendes Lächeln
Rotverschmierter Mund

Schade, Du so weit entfernt, jetzt.
Gern hätte ich sie Dir überlassen.
Nun esse ich sie selbst.
Süße Himbeere.
Kleine Alina

Das allererste Eis

Was mag das sein,
an dem sie alle schlecken?

Erwartungsvoller Blick
und dann der kleine Schrecken.

Es ist ja kalt und dennoch ein Genuss.
Ein brauner Schokoladenkuss,

Jetzt, dein strahlender Blick.

Doch gleich darauf das Missgeschick:
Die Kugel fällt hinunter.

Du hebst sie einfach auf.
„Opalla".
Und setzt sie wieder oben drauf.

Kinder

Aus meinen kleinen Wesen
werden allmählich Fremde,
die fortgehen
in ein eigenes Leben,

Mich zurück lassen
mit vielen Fragen,
ob ich stolz bin auf sie,
ob sie mich noch brauchen,
ob sie noch zu mir gehören.

Die mir zurück lassen
viele Spielsachen,
Erinnerungen und
Gedanken.

Sie kommen zurück
mit neuen kleinen Wesen,
zu Besuch.
Ich genieße die Nähe.
Zu kurz.

KUNST & LITERATUR

Die Geburt des Gedichts

Zuerst die Empfindung,
die aufregt.
Dann den Gedanken fassen
und in die rechten Worte passen,
wird das Gedicht geboren.

Manchmal ist es eine Sturzgeburt.
Ganz schnell, wie von selbst fügt alles sich.
Und manchmal braucht es lange Wehen,
bis Worte und Rhythmen zufrieden stehen.

Nun schnell aufschreiben
auf ein Papier,
um es nicht zu vergessen.

Damit andere es lesen?

Was bringt das mir?

Eine neue Welt

Die Arbeit befriedigt oft nicht mehr,
Wir suchen.
Ein Ersatz muss her.

Schreiben schafft eine neue Welt,
dichter als die reale,
mit einer Logik, die der Dichter in den
Händen hält,

Als wäre es gewesen
Leben schaffen.
Nur wer soll all die Bücher lesen?

Deutsche Bücherei

Hinter dicken Mauern sitzen wir,
auf der Suche nach Wahrheit,
zu vergleichen die eigene Sicht,
mit der Erkenntnis derer,
die vor uns suchten.

Descartes versuchte die Welt
durch ein Ochsenauge zu sehen,
vor fast 400 Jahren.
Fechner schrieb Gültiges
über die Pflanzenseele.

Ich tauche auf aus der Bücherwelt,
suche deinen Blick
in der Hoffnung auf einen Kaffee,
um die Welt Fechners mit der Tschaikowskis
zu mischen.

Sofia über Fjodor

Fjodor, Sohn eines Arztes,
schreibender Militäringenieur,
engagierte sich gegen Leibeigentum.
Deshalb zum Tode verurteilt,
mit 28 Jahren.
Im letzten Moment begnadigt,
hatte er Erzählstoff
für große Romane.

Als Jugendliche verschlang ich diese,
einen nach dem anderen,
begeistert.

Kürzlich,
in den Jugenderinnerungen
der Mathematikerin
Sofia Kowalewskaja,
begegnete ich ihm wieder:
Sie sprach mit ihm am Kaffeetisch.

Nun kann ich ihn mir vorstellen, Fjodor

Dostojewski.

Liebesdramatik

Werther griff zur Pistole,
Romeo zum Becher,
Anna Karenina nahm einen anderen Zug.
So bevölkern zahllose Liebesopfer die
Literatur.
Doch ihre Schöpfer überlebten.
Überleben bis heute
durch ihre tragischen Opfer.
Heute wird leicht
die Vergangenheit geopfert
um neues Begehren zu stillen.
gegen den Willen der Angetrauten.
Liebesdramatik nur noch für die
Abgelegten.
Sollte der heutige Dichter deren Schicksal
beschreiben?
Wie sie sich allmählich erholen
oder dem Leiden erliegen?

Zu Salvador Dalis Bild
„Die Beständigkeit der Erinnerung"

Die Beständigkeit der Erinnerung

Die zerfließenden Uhren,
skurril und faszinierend zugleich.
Von einem alten Camembert inspiriert?
Von Einsteins Relativität der Zeit?
Von Freuds Gedanken?

Die Vergänglichkeit
des Baumes,
der Gegenstände,
des Menschen.

Die wandelbaren Erinnerungen:
Nur Wichtiges,
mit Gefühlen verbundenes
wird erinnert
und verbogen.

Ein Bild - eine beständige Erinnerung.

Zu Hans Baldung Griens Bild
„Die sieben Lebensalter des Weibes"

Die sieben Lebensalter des Weibes

Sieben Weiber
am mittelalterlichen
FKK-Strand.

Der Zukunft zugewandt
das junge Mädchen,
dem Unbekannten
die alte Frau;
alle anderen
dem Leben zugewandt.

Nicht nur der Körper
verwandelt sich,
auch das Innere.
Interessen und Ziele.

Auch der Mann.

Sieben Männer
nebeneinander stehend.
Keiner hat das bisher gewagt.

Zu Wolfgang Mattheuers Bild
„Hinter den sieben Bergen"

Hinter den sieben Bergen

Autos

auf dem Weg in die lockende Ferne,

zu einer Frau,

zur Freiheit?

Zurückgelassen wird

das Heim,

die Katze,

der Freund

für eine kurze Zeit,

für eine längere

oder für immer,

manchmal

sogar das Kind.

2013

Vor 200 Jahren geführte Schlachten
werden nachgestellt.
Farbenfrohe Uniformen und Pferde
bewundert.

Wird man so in 200 Jahren
auf grüne Uniformen schauen,
auf Panzer und Drohnen?

Deutsche verdienen wieder gut an Waffen.
Andere Deutsche ziehen wieder in Kriege.

Erst Söldner, dann Wehrpflichtige, jetzt
Soldaten.
Erst Ahnungslose, einem Jugendtraum
folgend,
dann Traumatisierte.

Dann
Therapie und Prothesen.
Ein Kreuz für jeden Gefallenen.

Stilleben

Zum Träumen geboren,
daneben gestellt,
gefällt mir die Welt.

Ich blick aus dem Fenster, hinab
auf Menschen und Hunde,
fahr ziellos mit Bus und Bahn,
belausche Gespräche,
vergesse die Stunde.

Abends schalt ich den Fernseher an
und vergleiche,
ob mir die virtuelle Welt
besser gefällt.

Ich gönn' mir kein Bier.
Ich sitze und schreibe
Und leb von Hartz IV.

Virtuelle Geheimnisse

Die Kinder fern,
die Enkel auch.
Nah nur der Computer.
Ihm erzähle ich mein Leben,
das gelebte
und das ungelebte.

Werden sie es lesen
oder Fremde
oder keiner?
Würde ich wünschen,
dass einer es liest?

Blätter

Blätter, denen das Leben entweicht,
fallen herab.
Gedanken fallen mir zu,
füllen meine weißen Blätter
mit Leben.
Blätter, mit Leben gefüllt,
ergeben ein Buch,
ein Ganzes,
ein Stück Leben entsteht.

INHALT

AM SEE
See im Frühling	6
Am See	7
Schon Sommerhitze	8
Gedanken am See	9
See am Morgen	10
Herbst	11
Oktober	12
Gespiegelt im See	13
1. November	14
Winter am See	15
Das letzte Bad	16

ERINNERUNG
Im Frühjahr	18
Erinnerung	19
Rentnerin	20
Hühner	21
Im Traum	22
Ich kann mich teilen	23
Über den Wolken	24

ZEITGESCHEHEN & POLITIK
Zeitumstellung	26
For ever young	27
Herdprämie	28
Worte der Geschichte	29
Indien 19.4. 2012	30

25 Jahre nach der Wende	31
Gedankentausch	32
Zauberlehrlinge	33
Grenzen	34
Flüchtlingsströme	35
Mit anderen Augen	36

WAHRNEHMUNG & NATURGESETZE

Die Verführung	38
Anziehungskräfte	39
Das Experiment	40
Das Naturgesetz	41
Mach Dir ein Bild	42
Die Relativität der Zeit	43
Schwarz-weiße Welt	44
Farbspiel	45
Im ZOO	46
Schnecken	47
Mathenachhilfe	48

KINDER

Als Kind auf dem Leipziger Bahnhof	50
Freundin	52
Ferne Zeiten	53
Damals und bald	54
Gegenwart	55
Im Oktober	56
Das allererste Eis	57
Kinder	58

KUNST & LITERATUR
Die Geburt des Gedichts 60
Eine neue Welt 61
Deutsche Bücherei 62
Soja über Fjodor 63
Liebesdramatik 64
Die Beständigkeit der Erinnerung 65
Die sieben Lebensalter des Weibes 66
Hinter den sieben Bergen 67
2013 68
Stillleben 69
Virtuelle Geheimnisse 70
Blätter 71

GRAFIKEN VON KLAUS PALM

Zukunft, 2007 Cover
Herbst, 2006 5
aus dem Zyklus „Die Jahreszeiten I", 2005 17
Zwischenzeit, 2012 25
Aufbruch, 2011 49
Ohne Titel, 2012 59

Eva Lübbe

1950 in Leipzig geboren - Abitur-
Fernmeldemechaniker – Physikstudium –
verheiratet – zwei erwachsene Kinder -
bis zur Wende in der Industrieforschung –
seitdem selbstständig als Dozentin –
Lehrerin – Autorin und Wissenschaftlerin –
Promotion und Habilitation auf dem Gebiet
der Farbmetrik –

Lyrikveröffentlichungen seit 2009 –
2010 Preis des Erfurter Federlesens.

Weitere Lyrikveröffentlichungen:
2010 Das Experiment Am See
2011 Evolution der Eisblumen
2012 Leipzig Mit anderen Augen
2014 Auf dem Weg zum See